MY QAZA SALAH

Record Book

Virtues of Salah
Harms of Neglecting Salah
Who is Sahibut Tarteeb
How to Complete Missed Salah
Method to Performa Qaza Salah
Up to 10 Years of Table for Record Missed Salah

Published By:
Islamic Book Store

Publication address:
302 Saad Residancy
M G Road Bardoli
Surat Gujarat India
394601
0091 9979353876
UDYAM REGISTRATION NUMBER :
UDYAM-GJ-22-0457400

MY QAZA SALAH

Record Book

IMPORTANCE OF SALAH

Salah is the foremost of all obligations in the life of a Muslim. No obligation has greater priority than Salah. Salah is a complete and universal exercise that guides and disciplines a person in every respect. Salah teaches us to disconnect from the preoccupation of the world and connect our hearts and souls with Allah Ta'ala.

Salah cleanses us, gives us control over our passions, protects us against materialism and prevents us from becoming misdirected. Salah has tremendous spiritual, physical, mental and psychological benefits. It is the door to prosperity, success, salvation in both worlds and grants the adherent the ultimate prize of Allah Ta'ala's pleasure and love.

Salah is also the eraser of misdeeds as Allah Ta'ala says, "And establish Salah at both ends of the day, and in the early hours of the night. Surely, good deeds erase bad deeds. That is a reminder for the mindful." (Surah Hud)

VIRTUES OF SALAH

"Safeguard your Salah and (especially) the middle Salah (i.e. Asr Salah) and stand before Allah with humility." (Surah Baqarah)

"Whoever protects Salah (and is punctual in performing it), the Salah will be a source of light, a proof and a means of salvation on the Day of Qiyamah. Whomsoever is [unmindful] and does not protect his Salah, it will not be a source of light, nor a proof nor will it be a means of salvation. On the Day of Qiyamah, he will be with Qarun, Haman, Fir'oun and Ubay ibn Khalaf." (Musnad Ahmad)

HARMS OF NEGLECTING SALAH

Whilst the benefits are innumerable, the consequences of missing just one Salah are catastrophic.

Hazrat Naufil ibn Muawiyah ؓ narrates that Nabi ﷺ said, "A person who misses one Salah is like one who has lost all his family and wealth." (Bayhaqi in Shuabul Iman)

Nabi ﷺ was once asked about a person who misses Salah due to sleep or ignorance. Rasulullah ﷺ replied that the Kaffarah (way out and expiating of the sin) is that as soon as he remembers, he must offer the Salah. (Sunan Nasaai)

If Salah has been missed, then sincere repentance should be made and missed Salah should be performed. However, Taubah does not absolve one from performing the Qaza. If

Qaza of the missed Salah is not performed, the sin will remain.

Sayyiduna Umar Ibn Al Khattab ﷺ wrote to his governors saying, "In my view, the most important of your affairs is Salah. Whoever protects it and performs it (habitually and timeously), is protecting his Deen. Whoever is negligent about it will be even more negligent about other matters…" (Muwatta Imam Malik)

WHO IS A SAHIBUT TARTEEB

Sahibut Tarteeb (means following an order) is such a person who has five or less Salah outstanding as Qaza. If six or more Salah are Qaza upon a person, then such a person will not be regarded as a Sahibut Tarteeb.

The ruling for a Sahibut Tarteeb is that one has to make up his Qaza Salah first, only thereafter can one perform the Salah of that time, due to the fact that Tarteeb (to read all his Salah in order) is necessary upon a Sahibut Tarteeb. If a person has missed out 6 or more Salahs then when he completes all his outstanding Salahs, he will be classified as a Sahibut Tarteeb.

HOW TO COMPLETE MISSED SALAH

If any Fard Salah was missed from the time one became baligh (reached the age of puberty), then all such Salah must be performed. This is known as Qaza. The Fard Salahs are; 2 Fard of Fajr, 4 Fard of Zuhr, 4 Fard of Asr, 3 Fard of Maghrib, 4 Fard of Isha. The 3 units of Witr after Isha is also compulsory to be performed if missed.

If the date and number of missed (Qaza) Salah in not known, then an honest estimation should be made of the missed

Salahs. It is advisable to make an over estimate to be sure until one is convinced that the missed Salahs are definitely covered.

The intention for each missed Salah must be specific. For each Salah, one must make the intention of the first missed Salah of that particular Salah that is due. As an example, one should intend: 'I am performing Qaza of the first (or last) Zuhr Salah which I missed. Once the Qaza of this Salah is complete, the second Zuhr Salah missed will take the place of the first (or the last), and likewise when that is completed the third will now be the first (or last); hence, for every missed Salah one can merely suffice by saying 'O Allah, I am making the Qaza of the first (or last) Salah I missed. This should be done for all the Salah (prayers) until one has completed the number of Salah missed.

It is not necessary to perform Qaza in order of the time of the Salah. Multiple Qaza Salahs can be performed in any Salah time. Also Qaza Salah do not have to be performed in order of them being missed unless one is a Sahibut Tarteeb.

Qaza is compulsory for the Fard and Witr Salah, and not for the Sunnah Salah.

However, if a person missed the Fajr Salah and makes Qaza of it before midday of the same day, then he should also make Qaza of the Sunnah of the Fajr Salah. And if he makes the Qaza after midday, then only the Fard shall be performed.

AN EASY METHOD TO PERFORM QAZA SALAH

One suggested method to complete Qaza Salah is to offer one missed Salah after each day's Salah, for example, offer one missed Fajr after the current day's Fajr, one missed Zuhr after performing the present Zuhr, and so on. Alternatively, one can spare a portion of each day to make up the missed prayers of one whole day. Keep strict count of how many Salahs are made up until the number in one's estimate is completed.

Remember, Salah will be the first item we will be questioned about on the day of Qiyamah.

The success or failure of one's reckoning will be dependent upon the reckoning of Salah.

Perform your Salah before your (Janazah) Salah is performed.

✗– Every Missed Salah You Performed

Qaza Salah Performed for the Year

January	1	2	3	4	5	6	7	8	9	10	11	12	13	14	15	16	17	18	19	20	21	22	23	24	25	26	27	28	29	30	31
Fajr																															
Zuhr																															
Asar																															
Maghrib																															
Isha																															
Witr																															

February	1	2	3	4	5	6	7	8	9	10	11	12	13	14	15	16	17	18	19	20	21	22	23	24	25	26	27	28	29
Fajr																													
Zuhr																													
Asar																													
Maghrib																													
Isha																													
Witr																													

March	1	2	3	4	5	6	7	8	9	10	11	12	13	14	15	16	17	18	19	20	21	22	23	24	25	26	27	28	29	30	31
Fajr																															
Zuhr																															
Asar																															
Maghrib																															
Isha																															
Witr																															

✓ – Every Missed Salah You Need to Perform
✗ – Every Missed Salah You Performed

Qaza Salah Performed for the Year _____

April	1	2	3	4	5	6	7	8	9	10	11	12	13	14	15	16	17	18	19	20	21	22	23	24	25	26	27	28	29	30	
Fajr																															
Zuhr																															
Asar																															
Maghrib																															
Isha																															
Witr																															

May	1	2	3	4	5	6	7	8	9	10	11	12	13	14	15	16	17	18	19	20	21	22	23	24	25	26	27	28	29	30	31
Fajr																															
Zuhr																															
Asar																															
Maghrib																															
Isha																															
Witr																															

June	1	2	3	4	5	6	7	8	9	10	11	12	13	14	15	16	17	18	19	20	21	22	23	24	25	26	27	28	29	30	
Fajr																															
Zuhr																															
Asar																															
Maghrib																															
Isha																															
Witr																															

✗ Every Missed Salah You Performed

Qaza Salah Performed for the Year

July	1	2	3	4	5	6	7	8	9	10	11	12	13	14	15	16	17	18	19	20	21	22	23	24	25	26	27	28	29	30	31
Fajr																															
Zuhr																															
Asar																															
Maghrib																															
Isha																															
Witr																															
August	1	2	3	4	5	6	7	8	9	10	11	12	13	14	15	16	17	18	19	20	21	22	23	24	25	26	27	28	29	30	31
Fajr																															
Zuhr																															
Asar																															
Maghrib																															
Isha																															
Witr																															
September	1	2	3	4	5	6	7	8	9	10	11	12	13	14	15	16	17	18	19	20	21	22	23	24	25	26	27	28	29	30	
Fajr																															
Zuhr																															
Asar																															
Maghrib																															
Isha																															
Witr																															

✓ – Every Missed Salah You Need to Perform
✗ – Every Missed Salah You Performed

Qaza Salah Performed for the Year _____

October	1	2	3	4	5	6	7	8	9	10	11	12	13	14	15	16	17	18	19	20	21	22	23	24	25	26	27	28	29	30	31
Fajr																															
Zuhr																															
Asar																															
Maghrib																															
Isha																															
Witr																															

November	1	2	3	4	5	6	7	8	9	10	11	12	13	14	15	16	17	18	19	20	21	22	23	24	25	26	27	28	29	30
Fajr																														
Zuhr																														
Asar																														
Maghrib																														
Isha																														
Witr																														

December	1	2	3	4	5	6	7	8	9	10	11	12	13	14	15	16	17	18	19	20	21	22	23	24	25	26	27	28	29	30	31
Fajr																															
Zuhr																															
Asar																															
Maghrib																															
Isha																															
Witr																															

✗ – Every Missed Salah You Performed

Qaza Salah Performed for the Year

January	1	2	3	4	5	6	7	8	9	10	11	12	13	14	15	16	17	18	19	20	21	22	23	24	25	26	27	28	29	30	31
Fajr																															
Zuhr																															
Asar																															
Maghrib																															
Isha																															
Witr																															

February	1	2	3	4	5	6	7	8	9	10	11	12	13	14	15	16	17	18	19	20	21	22	23	24	25	26	27	28	29
Fajr																													
Zuhr																													
Asar																													
Maghrib																													
Isha																													
Witr																													

March	1	2	3	4	5	6	7	8	9	10	11	12	13	14	15	16	17	18	19	20	21	22	23	24	25	26	27	28	29	30	31
Fajr																															
Zuhr																															
Asar																															
Maghrib																															
Isha																															
Witr																															

✔ – Every Missed Salah You Need to Perform
✘ – Every Missed Salah You Performed

Qaza Salah Performed for the Year

April	1	2	3	4	5	6	7	8	9	10	11	12	13	14	15	16	17	18	19	20	21	22	23	24	25	26	27	28	29	30	
Fajr																															
Zuhr																															
Asar																															
Maghrib																															
Isha																															
Witr																															

May	1	2	3	4	5	6	7	8	9	10	11	12	13	14	15	16	17	18	19	20	21	22	23	24	25	26	27	28	29	30	31
Fajr																															
Zuhr																															
Asar																															
Maghrib																															
Isha																															
Witr																															

June	1	2	3	4	5	6	7	8	9	10	11	12	13	14	15	16	17	18	19	20	21	22	23	24	25	26	27	28	29	30	
Fajr																															
Zuhr																															
Asar																															
Maghrib																															
Isha																															
Witr																															

✗– Every Missed Salah You Performed

Qaza Salah Performed for the Year

July	1	2	3	4	5	6	7	8	9	10	11	12	13	14	15	16	17	18	19	20	21	22	23	24	25	26	27	28	29	30	31
Fajr																															
Zuhr																															
Asar																															
Maghrib																															
Isha																															
Witr																															

August	1	2	3	4	5	6	7	8	9	10	11	12	13	14	15	16	17	18	19	20	21	22	23	24	25	26	27	28	29	30	31
Fajr																															
Zuhr																															
Asar																															
Maghrib																															
Isha																															
Witr																															

September	1	2	3	4	5	6	7	8	9	10	11	12	13	14	15	16	17	18	19	20	21	22	23	24	25	26	27	28	29	30
Fajr																														
Zuhr																														
Asar																														
Maghrib																														
Isha																														
Witr																														

✓ – Every Missed Salah You Need to Perform
✗ – Every Missed Salah You Performed

Qaza Salah Performed for the Year _____

October	1	2	3	4	5	6	7	8	9	10	11	12	13	14	15	16	17	18	19	20	21	22	23	24	25	26	27	28	29	30	31
Fajr																															
Zuhr																															
Asar																															
Maghrib																															
Isha																															
Witr																															

November	1	2	3	4	5	6	7	8	9	10	11	12	13	14	15	16	17	18	19	20	21	22	23	24	25	26	27	28	29	30
Fajr																														
Zuhr																														
Asar																														
Maghrib																														
Isha																														
Witr																														

December	1	2	3	4	5	6	7	8	9	10	11	12	13	14	15	16	17	18	19	20	21	22	23	24	25	26	27	28	29	30	31
Fajr																															
Zuhr																															
Asar																															
Maghrib																															
Isha																															
Witr																															

✗ – Every Missed Salah You Performed

Qaza Salah Performed for the Year

January	1	2	3	4	5	6	7	8	9	10	11	12	13	14	15	16	17	18	19	20	21	22	23	24	25	26	27	28	29	30	31
Fajr																															
Zuhr																															
Asar																															
Maghrib																															
Isha																															
Witr																															

February	1	2	3	4	5	6	7	8	9	10	11	12	13	14	15	16	17	18	19	20	21	22	23	24	25	26	27	28	29
Fajr																													
Zuhr																													
Asar																													
Maghrib																													
Isha																													
Witr																													

March	1	2	3	4	5	6	7	8	9	10	11	12	13	14	15	16	17	18	19	20	21	22	23	24	25	26	27	28	29	30	31
Fajr																															
Zuhr																															
Asar																															
Maghrib																															
Isha																															
Witr																															

✓ – Every Missed Salah You Need to Perform
✗ – Every Missed Salah You Performed

Qaza Salah Performed for the Year

April	1	2	3	4	5	6	7	8	9	10	11	12	13	14	15	16	17	18	19	20	21	22	23	24	25	26	27	28	29	30	
Fajr																															
Zuhr																															
Asar																															
Maghrib																															
Isha																															
Witr																															

May	1	2	3	4	5	6	7	8	9	10	11	12	13	14	15	16	17	18	19	20	21	22	23	24	25	26	27	28	29	30	31
Fajr																															
Zuhr																															
Asar																															
Maghrib																															
Isha																															
Witr																															

June	1	2	3	4	5	6	7	8	9	10	11	12	13	14	15	16	17	18	19	20	21	22	23	24	25	26	27	28	29	30	
Fajr																															
Zuhr																															
Asar																															
Maghrib																															
Isha																															
Witr																															

✂– Every Missed Salah You Performed

Qaza Salah Performed for the Year _____

July	1	2	3	4	5	6	7	8	9	10	11	12	13	14	15	16	17	18	19	20	21	22	23	24	25	26	27	28	29	30	31
Fajr																															
Zuhr																															
Asar																															
Maghrib																															
Isha																															
Witr																															

August	1	2	3	4	5	6	7	8	9	10	11	12	13	14	15	16	17	18	19	20	21	22	23	24	25	26	27	28	29	30	31
Fajr																															
Zuhr																															
Asar																															
Maghrib																															
Isha																															
Witr																															

September	1	2	3	4	5	6	7	8	9	10	11	12	13	14	15	16	17	18	19	20	21	22	23	24	25	26	27	28	29	30
Fajr																														
Zuhr																														
Asar																														
Maghrib																														
Isha																														
Witr																														

✔– Every Missed Salah You Need to Perform
✘– Every Missed Salah You Performed

Qaza Salah Performed for the Year _____

October	1	2	3	4	5	6	7	8	9	10	11	12	13	14	15	16	17	18	19	20	21	22	23	24	25	26	27	28	29	30	31
Fajr																															
Zuhr																															
Asar																															
Maghrib																															
Isha																															
Witr																															

November	1	2	3	4	5	6	7	8	9	10	11	12	13	14	15	16	17	18	19	20	21	22	23	24	25	26	27	28	29	30
Fajr																														
Zuhr																														
Asar																														
Maghrib																														
Isha																														
Witr																														

December	1	2	3	4	5	6	7	8	9	10	11	12	13	14	15	16	17	18	19	20	21	22	23	24	25	26	27	28	29	30	31
Fajr																															
Zuhr																															
Asar																															
Maghrib																															
Isha																															
Witr																															

✗ – Every Missed Salah You Performed

Qaza Salah Performed for the Year

January	1	2	3	4	5	6	7	8	9	10	11	12	13	14	15	16	17	18	19	20	21	22	23	24	25	26	27	28	29	30	31
Fajr																															
Zuhr																															
Asar																															
Maghrib																															
Isha																															
Witr																															

February	1	2	3	4	5	6	7	8	9	10	11	12	13	14	15	16	17	18	19	20	21	22	23	24	25	26	27	28	29
Fajr																													
Zuhr																													
Asar																													
Maghrib																													
Isha																													
Witr																													

March	1	2	3	4	5	6	7	8	9	10	11	12	13	14	15	16	17	18	19	20	21	22	23	24	25	26	27	28	29	30	31
Fajr																															
Zuhr																															
Asar																															
Maghrib																															
Isha																															
Witr																															

✓ – Every Missed Salah You Need to Perform
✗ – Every Missed Salah You Performed

Qaza Salah Performed for the Year _____

April	1	2	3	4	5	6	7	8	9	10	11	12	13	14	15	16	17	18	19	20	21	22	23	24	25	26	27	28	29	30	
Fajr																															
Zuhr																															
Asar																															
Maghrib																															
Isha																															
Witr																															

May	1	2	3	4	5	6	7	8	9	10	11	12	13	14	15	16	17	18	19	20	21	22	23	24	25	26	27	28	29	30	31
Fajr																															
Zuhr																															
Asar																															
Maghrib																															
Isha																															
Witr																															

June	1	2	3	4	5	6	7	8	9	10	11	12	13	14	15	16	17	18	19	20	21	22	23	24	25	26	27	28	29	30	
Fajr																															
Zuhr																															
Asar																															
Maghrib																															
Isha																															
Witr																															

✂— Every Missed Salah You Performed

Qaza Salah Performed for the Year ____

July	1	2	3	4	5	6	7	8	9	10	11	12	13	14	15	16	17	18	19	20	21	22	23	24	25	26	27	28	29	30	31
Fajr																															
Zuhr																															
Asar																															
Maghrib																															
Isha																															
Witr																															

August	1	2	3	4	5	6	7	8	9	10	11	12	13	14	15	16	17	18	19	20	21	22	23	24	25	26	27	28	29	30	31
Fajr																															
Zuhr																															
Asar																															
Maghrib																															
Isha																															
Witr																															

September	1	2	3	4	5	6	7	8	9	10	11	12	13	14	15	16	17	18	19	20	21	22	23	24	25	26	27	28	29	30
Fajr																														
Zuhr																														
Asar																														
Maghrib																														
Isha																														
Witr																														

✓ – Every Missed Salah You Need to Perform
✗ – Every Missed Salah You Performed

Qaza Salah Performed for the Year

October	1	2	3	4	5	6	7	8	9	10	11	12	13	14	15	16	17	18	19	20	21	22	23	24	25	26	27	28	29	30	31
Fajr																															
Zuhr																															
Asar																															
Maghrib																															
Isha																															
Witr																															

November	1	2	3	4	5	6	7	8	9	10	11	12	13	14	15	16	17	18	19	20	21	22	23	24	25	26	27	28	29	30
Fajr																														
Zuhr																														
Asar																														
Maghrib																														
Isha																														
Witr																														

December	1	2	3	4	5	6	7	8	9	10	11	12	13	14	15	16	17	18	19	20	21	22	23	24	25	26	27	28	29	30	31
Fajr																															
Zuhr																															
Asar																															
Maghrib																															
Isha																															
Witr																															

✘– Every Missed Salah You Performed

Qaza Salah Performed for the Year

January	1	2	3	4	5	6	7	8	9	10	11	12	13	14	15	16	17	18	19	20	21	22	23	24	25	26	27	28	29	30	31
Fajr																															
Zuhr																															
Asar																															
Maghrib																															
Isha																															
Witr																															

February	1	2	3	4	5	6	7	8	9	10	11	12	13	14	15	16	17	18	19	20	21	22	23	24	25	26	27	28	29
Fajr																													
Zuhr																													
Asar																													
Maghrib																													
Isha																													
Witr																													

March	1	2	3	4	5	6	7	8	9	10	11	12	13	14	15	16	17	18	19	20	21	22	23	24	25	26	27	28	29	30	31
Fajr																															
Zuhr																															
Asar																															
Maghrib																															
Isha																															
Witr																															

✓ – Every Missed Salah You Need to Perform
✗ – Every Missed Salah You Performed

Qaza Salah Performed for the Year

April	1	2	3	4	5	6	7	8	9	10	11	12	13	14	15	16	17	18	19	20	21	22	23	24	25	26	27	28	29	30	
Fajr																															
Zuhr																															
Asar																															
Maghrib																															
Isha																															
Witr																															

May	1	2	3	4	5	6	7	8	9	10	11	12	13	14	15	16	17	18	19	20	21	22	23	24	25	26	27	28	29	30	31
Fajr																															
Zuhr																															
Asar																															
Maghrib																															
Isha																															
Witr																															

June	1	2	3	4	5	6	7	8	9	10	11	12	13	14	15	16	17	18	19	20	21	22	23	24	25	26	27	28	29	30	
Fajr																															
Zuhr																															
Asar																															
Maghrib																															
Isha																															
Witr																															

✗ – Every Missed Salah You Performed

Qaza Salah Performed for the Year

July	1	2	3	4	5	6	7	8	9	10	11	12	13	14	15	16	17	18	19	20	21	22	23	24	25	26	27	28	29	30	31
Fajr																															
Zuhr																															
Asar																															
Maghrib																															
Isha																															
Witr																															

August	1	2	3	4	5	6	7	8	9	10	11	12	13	14	15	16	17	18	19	20	21	22	23	24	25	26	27	28	29	30	31
Fajr																															
Zuhr																															
Asar																															
Maghrib																															
Isha																															
Witr																															

September	1	2	3	4	5	6	7	8	9	10	11	12	13	14	15	16	17	18	19	20	21	22	23	24	25	26	27	28	29	30
Fajr																														
Zuhr																														
Asar																														
Maghrib																														
Isha																														
Witr																														

✓ – Every Missed Salah You Need to Perform
✗ – Every Missed Salah You Performed

Qaza Salah Performed for the Year _____

October	1	2	3	4	5	6	7	8	9	10	11	12	13	14	15	16	17	18	19	20	21	22	23	24	25	26	27	28	29	30	31
Fajr																															
Zuhr																															
Asar																															
Maghrib																															
Isha																															
Witr																															

November	1	2	3	4	5	6	7	8	9	10	11	12	13	14	15	16	17	18	19	20	21	22	23	24	25	26	27	28	29	30
Fajr																														
Zuhr																														
Asar																														
Maghrib																														
Isha																														
Witr																														

December	1	2	3	4	5	6	7	8	9	10	11	12	13	14	15	16	17	18	19	20	21	22	23	24	25	26	27	28	29	30	31
Fajr																															
Zuhr																															
Asar																															
Maghrib																															
Isha																															
Witr																															

✂— Every Missed Salah You Performed

Qaza Salah Performed for the Year _____

January	1	2	3	4	5	6	7	8	9	10	11	12	13	14	15	16	17	18	19	20	21	22	23	24	25	26	27	28	29	30	31
Fajr																															
Zuhr																															
Asar																															
Maghrib																															
Isha																															
Witr																															

February	1	2	3	4	5	6	7	8	9	10	11	12	13	14	15	16	17	18	19	20	21	22	23	24	25	26	27	28	29
Fajr																													
Zuhr																													
Asar																													
Maghrib																													
Isha																													
Witr																													

March	1	2	3	4	5	6	7	8	9	10	11	12	13	14	15	16	17	18	19	20	21	22	23	24	25	26	27	28	29	30	31
Fajr																															
Zuhr																															
Asar																															
Maghrib																															
Isha																															
Witr																															

✓ – Every Missed Salah You Need to Perform
✗ – Every Missed Salah You Performed

Qaza Salah Performed for the Year

April	1	2	3	4	5	6	7	8	9	10	11	12	13	14	15	16	17	18	19	20	21	22	23	24	25	26	27	28	29	30	
Fajr																															
Zuhr																															
Asar																															
Maghrib																															
Isha																															
Witr																															

May	1	2	3	4	5	6	7	8	9	10	11	12	13	14	15	16	17	18	19	20	21	22	23	24	25	26	27	28	29	30	31
Fajr																															
Zuhr																															
Asar																															
Maghrib																															
Isha																															
Witr																															

June	1	2	3	4	5	6	7	8	9	10	11	12	13	14	15	16	17	18	19	20	21	22	23	24	25	26	27	28	29	30	
Fajr																															
Zuhr																															
Asar																															
Maghrib																															
Isha																															
Witr																															

✗— Every Missed Salah You Performed

Qaza Salah Performed for the Year _____

July	1	2	3	4	5	6	7	8	9	10	11	12	13	14	15	16	17	18	19	20	21	22	23	24	25	26	27	28	29	30	31
Fajr																															
Zuhr																															
Asar																															
Maghrib																															
Isha																															
Witr																															

August	1	2	3	4	5	6	7	8	9	10	11	12	13	14	15	16	17	18	19	20	21	22	23	24	25	26	27	28	29	30	31
Fajr																															
Zuhr																															
Asar																															
Maghrib																															
Isha																															
Witr																															

September	1	2	3	4	5	6	7	8	9	10	11	12	13	14	15	16	17	18	19	20	21	22	23	24	25	26	27	28	29	30
Fajr																														
Zuhr																														
Asar																														
Maghrib																														
Isha																														
Witr																														

✔ – Every Missed Salah You Need to Perform
✘ – Every Missed Salah You Performed

Qaza Salah Performed for the Year _____

October	1	2	3	4	5	6	7	8	9	10	11	12	13	14	15	16	17	18	19	20	21	22	23	24	25	26	27	28	29	30	31
Fajr																															
Zuhr																															
Asar																															
Maghrib																															
Isha																															
Witr																															

November	1	2	3	4	5	6	7	8	9	10	11	12	13	14	15	16	17	18	19	20	21	22	23	24	25	26	27	28	29	30
Fajr																														
Zuhr																														
Asar																														
Maghrib																														
Isha																														
Witr																														

December	1	2	3	4	5	6	7	8	9	10	11	12	13	14	15	16	17	18	19	20	21	22	23	24	25	26	27	28	29	30	31
Fajr																															
Zuhr																															
Asar																															
Maghrib																															
Isha																															
Witr																															

✗– Every Missed Salah You Performed

Qaza Salah Performed for the Year

January	1	2	3	4	5	6	7	8	9	10	11	12	13	14	15	16	17	18	19	20	21	22	23	24	25	26	27	28	29	30	31
Fajr																															
Zuhr																															
Asar																															
Maghrib																															
Isha																															
Witr																															

February	1	2	3	4	5	6	7	8	9	10	11	12	13	14	15	16	17	18	19	20	21	22	23	24	25	26	27	28	29
Fajr																													
Zuhr																													
Asar																													
Maghrib																													
Isha																													
Witr																													

March	1	2	3	4	5	6	7	8	9	10	11	12	13	14	15	16	17	18	19	20	21	22	23	24	25	26	27	28	29	30	31
Fajr																															
Zuhr																															
Asar																															
Maghrib																															
Isha																															
Witr																															

✓ – Every Missed Salah You Need to Perform
✗ – Every Missed Salah You Performed

Qaza Salah Performed for the Year _____

April	1	2	3	4	5	6	7	8	9	10	11	12	13	14	15	16	17	18	19	20	21	22	23	24	25	26	27	28	29	30	
Fajr																															
Zuhr																															
Asar																															
Maghrib																															
Isha																															
Witr																															

May	1	2	3	4	5	6	7	8	9	10	11	12	13	14	15	16	17	18	19	20	21	22	23	24	25	26	27	28	29	30	31
Fajr																															
Zuhr																															
Asar																															
Maghrib																															
Isha																															
Witr																															

June	1	2	3	4	5	6	7	8	9	10	11	12	13	14	15	16	17	18	19	20	21	22	23	24	25	26	27	28	29	30	
Fajr																															
Zuhr																															
Asar																															
Maghrib																															
Isha																															
Witr																															

✗– Every Missed Salah You Performed

Qaza Salah Performed for the Year _____

July	1	2	3	4	5	6	7	8	9	10	11	12	13	14	15	16	17	18	19	20	21	22	23	24	25	26	27	28	29	30	31
Fajr																															
Zuhr																															
Asar																															
Maghrib																															
Isha																															
Witr																															

August	1	2	3	4	5	6	7	8	9	10	11	12	13	14	15	16	17	18	19	20	21	22	23	24	25	26	27	28	29	30	31
Fajr																															
Zuhr																															
Asar																															
Maghrib																															
Isha																															
Witr																															

September	1	2	3	4	5	6	7	8	9	10	11	12	13	14	15	16	17	18	19	20	21	22	23	24	25	26	27	28	29	30
Fajr																														
Zuhr																														
Asar																														
Maghrib																														
Isha																														
Witr																														

✓ – Every Missed Salah You Need to Perform
✗ – Every Missed Salah You Performed

Qaza Salah Performed for the Year _____

October	1	2	3	4	5	6	7	8	9	10	11	12	13	14	15	16	17	18	19	20	21	22	23	24	25	26	27	28	29	30	31
Fajr																															
Zuhr																															
Asar																															
Maghrib																															
Isha																															
Witr																															

November	1	2	3	4	5	6	7	8	9	10	11	12	13	14	15	16	17	18	19	20	21	22	23	24	25	26	27	28	29	30
Fajr																														
Zuhr																														
Asar																														
Maghrib																														
Isha																														
Witr																														

December	1	2	3	4	5	6	7	8	9	10	11	12	13	14	15	16	17	18	19	20	21	22	23	24	25	26	27	28	29	30	31
Fajr																															
Zuhr																															
Asar																															
Maghrib																															
Isha																															
Witr																															

✗ – Every Missed Salah You Performed

Qaza Salah Performed for the Year

January	1	2	3	4	5	6	7	8	9	10	11	12	13	14	15	16	17	18	19	20	21	22	23	24	25	26	27	28	29	30	31
Fajr																															
Zuhr																															
Asar																															
Maghrib																															
Isha																															
Witr																															

February	1	2	3	4	5	6	7	8	9	10	11	12	13	14	15	16	17	18	19	20	21	22	23	24	25	26	27	28	29
Fajr																													
Zuhr																													
Asar																													
Maghrib																													
Isha																													
Witr																													

March	1	2	3	4	5	6	7	8	9	10	11	12	13	14	15	16	17	18	19	20	21	22	23	24	25	26	27	28	29	30	31
Fajr																															
Zuhr																															
Asar																															
Maghrib																															
Isha																															
Witr																															

✓– Every Missed Salah You Need to Perform
✗– Every Missed Salah You Performed

Qaza Salah Performed for the Year _____

April	1	2	3	4	5	6	7	8	9	10	11	12	13	14	15	16	17	18	19	20	21	22	23	24	25	26	27	28	29	30	
Fajr																															
Zuhr																															
Asar																															
Maghrib																															
Isha																															
Witr																															

May	1	2	3	4	5	6	7	8	9	10	11	12	13	14	15	16	17	18	19	20	21	22	23	24	25	26	27	28	29	30	31
Fajr																															
Zuhr																															
Asar																															
Maghrib																															
Isha																															
Witr																															

June	1	2	3	4	5	6	7	8	9	10	11	12	13	14	15	16	17	18	19	20	21	22	23	24	25	26	27	28	29	30	
Fajr																															
Zuhr																															
Asar																															
Maghrib																															
Isha																															
Witr																															

✗– Every Missed Salah You Performed

Qaza Salah Performed for the Year

July	1	2	3	4	5	6	7	8	9	10	11	12	13	14	15	16	17	18	19	20	21	22	23	24	25	26	27	28	29	30	31
Fajr																															
Zuhr																															
Asar																															
Maghrib																															
Isha																															
Witr																															

August	1	2	3	4	5	6	7	8	9	10	11	12	13	14	15	16	17	18	19	20	21	22	23	24	25	26	27	28	29	30	31
Fajr																															
Zuhr																															
Asar																															
Maghrib																															
Isha																															
Witr																															

September	1	2	3	4	5	6	7	8	9	10	11	12	13	14	15	16	17	18	19	20	21	22	23	24	25	26	27	28	29	30
Fajr																														
Zuhr																														
Asar																														
Maghrib																														
Isha																														
Witr																														

✔ – Every Missed Salah You Need to Perform
✘ – Every Missed Salah You Performed

Qaza Salah Performed for the Year _____

October	1	2	3	4	5	6	7	8	9	10	11	12	13	14	15	16	17	18	19	20	21	22	23	24	25	26	27	28	29	30	31
Fajr																															
Zuhr																															
Asar																															
Maghrib																															
Isha																															
Witr																															

November	1	2	3	4	5	6	7	8	9	10	11	12	13	14	15	16	17	18	19	20	21	22	23	24	25	26	27	28	29	30
Fajr																														
Zuhr																														
Asar																														
Maghrib																														
Isha																														
Witr																														

December	1	2	3	4	5	6	7	8	9	10	11	12	13	14	15	16	17	18	19	20	21	22	23	24	25	26	27	28	29	30	31
Fajr																															
Zuhr																															
Asar																															
Maghrib																															
Isha																															
Witr																															

✗– Every Missed Salah You Performed

Qaza Salah Performed for the Year _____

January	1	2	3	4	5	6	7	8	9	10	11	12	13	14	15	16	17	18	19	20	21	22	23	24	25	26	27	28	29	30	31
Fajr																															
Zuhr																															
Asar																															
Maghrib																															
Isha																															
Witr																															

February	1	2	3	4	5	6	7	8	9	10	11	12	13	14	15	16	17	18	19	20	21	22	23	24	25	26	27	28	29
Fajr																													
Zuhr																													
Asar																													
Maghrib																													
Isha																													
Witr																													

March	1	2	3	4	5	6	7	8	9	10	11	12	13	14	15	16	17	18	19	20	21	22	23	24	25	26	27	28	29	30	31
Fajr																															
Zuhr																															
Asar																															
Maghrib																															
Isha																															
Witr																															

✓ – Every Missed Salah You Need to Perform
✗ – Every Missed Salah You Performed

Qaza Salah Performed for the Year _____

April	1	2	3	4	5	6	7	8	9	10	11	12	13	14	15	16	17	18	19	20	21	22	23	24	25	26	27	28	29	30	
Fajr																															
Zuhr																															
Asar																															
Maghrib																															
Isha																															
Witr																															

May	1	2	3	4	5	6	7	8	9	10	11	12	13	14	15	16	17	18	19	20	21	22	23	24	25	26	27	28	29	30	31
Fajr																															
Zuhr																															
Asar																															
Maghrib																															
Isha																															
Witr																															

June	1	2	3	4	5	6	7	8	9	10	11	12	13	14	15	16	17	18	19	20	21	22	23	24	25	26	27	28	29	30	
Fajr																															
Zuhr																															
Asar																															
Maghrib																															
Isha																															
Witr																															

✗– Every Missed Salah You Performed

Qaza Salah Performed for the Year _____

July	1	2	3	4	5	6	7	8	9	10	11	12	13	14	15	16	17	18	19	20	21	22	23	24	25	26	27	28	29	30	31
Fajr																															
Zuhr																															
Asar																															
Maghrib																															
Isha																															
Witr																															

August	1	2	3	4	5	6	7	8	9	10	11	12	13	14	15	16	17	18	19	20	21	22	23	24	25	26	27	28	29	30	31
Fajr																															
Zuhr																															
Asar																															
Maghrib																															
Isha																															
Witr																															

September	1	2	3	4	5	6	7	8	9	10	11	12	13	14	15	16	17	18	19	20	21	22	23	24	25	26	27	28	29	30
Fajr																														
Zuhr																														
Asar																														
Maghrib																														
Isha																														
Witr																														

✓ – Every Missed Salah You Need to Perform
✗ – Every Missed Salah You Performed

Qaza Salah Performed for the Year _____

October	1	2	3	4	5	6	7	8	9	10	11	12	13	14	15	16	17	18	19	20	21	22	23	24	25	26	27	28	29	30	31
Fajr																															
Zuhr																															
Asar																															
Maghrib																															
Isha																															
Witr																															

November	1	2	3	4	5	6	7	8	9	10	11	12	13	14	15	16	17	18	19	20	21	22	23	24	25	26	27	28	29	30
Fajr																														
Zuhr																														
Asar																														
Maghrib																														
Isha																														
Witr																														

December	1	2	3	4	5	6	7	8	9	10	11	12	13	14	15	16	17	18	19	20	21	22	23	24	25	26	27	28	29	30	31
Fajr																															
Zuhr																															
Asar																															
Maghrib																															
Isha																															
Witr																															

✗– Every Missed Salah You Performed

Qaza Salah Performed for the Year

January	1	2	3	4	5	6	7	8	9	10	11	12	13	14	15	16	17	18	19	20	21	22	23	24	25	26	27	28	29	30	31
Fajr																															
Zuhr																															
Asar																															
Maghrib																															
Isha																															
Witr																															

February	1	2	3	4	5	6	7	8	9	10	11	12	13	14	15	16	17	18	19	20	21	22	23	24	25	26	27	28	29
Fajr																													
Zuhr																													
Asar																													
Maghrib																													
Isha																													
Witr																													

March	1	2	3	4	5	6	7	8	9	10	11	12	13	14	15	16	17	18	19	20	21	22	23	24	25	26	27	28	29	30	31
Fajr																															
Zuhr																															
Asar																															
Maghrib																															
Isha																															
Witr																															

✓ – Every Missed Salah You Need to Perform
✗ – Every Missed Salah You Performed

Qaza Salah Performed for the Year _____

April	1	2	3	4	5	6	7	8	9	10	11	12	13	14	15	16	17	18	19	20	21	22	23	24	25	26	27	28	29	30	
Fajr																															
Zuhr																															
Asar																															
Maghrib																															
Isha																															
Witr																															

May	1	2	3	4	5	6	7	8	9	10	11	12	13	14	15	16	17	18	19	20	21	22	23	24	25	26	27	28	29	30	31
Fajr																															
Zuhr																															
Asar																															
Maghrib																															
Isha																															
Witr																															

June	1	2	3	4	5	6	7	8	9	10	11	12	13	14	15	16	17	18	19	20	21	22	23	24	25	26	27	28	29	30	
Fajr																															
Zuhr																															
Asar																															
Maghrib																															
Isha																															
Witr																															

✂– Every Missed Salah You Performed

Qaza Salah Performed for the Year _____

July	1	2	3	4	5	6	7	8	9	10	11	12	13	14	15	16	17	18	19	20	21	22	23	24	25	26	27	28	29	30	31
Fajr																															
Zuhr																															
Asar																															
Maghrib																															
Isha																															
Witr																															

August	1	2	3	4	5	6	7	8	9	10	11	12	13	14	15	16	17	18	19	20	21	22	23	24	25	26	27	28	29	30	31
Fajr																															
Zuhr																															
Asar																															
Maghrib																															
Isha																															
Witr																															

September	1	2	3	4	5	6	7	8	9	10	11	12	13	14	15	16	17	18	19	20	21	22	23	24	25	26	27	28	29	30
Fajr																														
Zuhr																														
Asar																														
Maghrib																														
Isha																														
Witr																														

✓ – Every Missed Salah You Need to Perform
✗ – Every Missed Salah You Performed

Qaza Salah Performed for the Year _____

October	1	2	3	4	5	6	7	8	9	10	11	12	13	14	15	16	17	18	19	20	21	22	23	24	25	26	27	28	29	30	31
Fajr																															
Zuhr																															
Asar																															
Maghrib																															
Isha																															
Witr																															

November	1	2	3	4	5	6	7	8	9	10	11	12	13	14	15	16	17	18	19	20	21	22	23	24	25	26	27	28	29	30
Fajr																														
Zuhr																														
Asar																														
Maghrib																														
Isha																														
Witr																														

December	1	2	3	4	5	6	7	8	9	10	11	12	13	14	15	16	17	18	19	20	21	22	23	24	25	26	27	28	29	30	31
Fajr																															
Zuhr																															
Asar																															
Maghrib																															
Isha																															
Witr																															

www.ingramcontent.com/pod-product-compliance
Lightning Source LLC
LaVergne TN
LVHW020143080526
838202LV00048B/3995